AF561934

François Marie

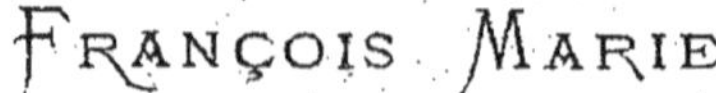

LA RÉGÉNÉRATION SOCIALE

PAR

LA VRAIE RÉPUBLIQUE

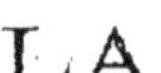

Adveniat regnum tuum !

MARSEILLE
TYPOGRAPHIE ET LITHOGRAPHIE H. SEREN
Quai de Rive-Neuve, 3.

1877

François Marie

LA RÉGÉNÉRATION SOCIALE

PAR

LA VRAIE RÉPUBLIQUE

Adveniat regnum tuum!

MARSEILLE
TYPOGRAPHIE ET LITHOGRAPHIE H. SEREN
Quai de Rive-Neuve, 3.

1877

LA RÉGÉNÉRATION SOCIALE

PAR

LA VRAIE RÉPUBLIQUE

Je monte encore une fois sur les toits pour pousser les hauts cris contre l'ignorance et la dépravation de l'humanité, et pour en tenter la conversion. Œuvre bien difficile, sinon impossible, lorsqu'on sait qu'un grand nombre de moralistes ont publié tant de documents pour la régénération des mœurs; que les gouvernants n'ont rien vu ni entendu, et que l'on voit toujours l'humanité profondément étendue dans le même abîme de ténèbres et de corruption. Œuvre écœurante, lorsqu'on sait aussi que les réformateurs de tous les temps et de tous les pays ont été persécutés ou sont morts dans les supplices, pour leur dévouement à la chose publique.

De vieille date, les erreurs et les crimes des gouvernants et ceux du peuple sont innombrables; ils marchent de front. Le mal sur la terre y dépasse le bien dans une proportion épouvantable et désolante, et aujourd'hui, l'humanité qui n'a d'autre dieu que l'argent, est descendue à un tel point de dégradation et de criminalité, qu'il semble que la terre doive, par la volonté du tout-puissant, s'écrouler à tout instant sous ses pas.

L'impiété et le matérialisme sont universels ; la cupidité, l'égoïsme et l'immoralité sont à leur comble. L'ignorance et la misère sont toujours en face de l'hyprocrisie et de la tyrannie, et qui plus est, le terrible fléau permanent de l'antagonisme politique met le comble à toute cette chronologie de crimes et de débordements au grand jour.

Tout cela conduirait aujourd'hui infailliblement le monde à l'athéïsme, si partout on ne savait que Dieu a créé l'homme et l'a laissé libre sur la terre, (profonde réflexion à méditer). Enfin, malgré tout et quoiqu'on dise et quoiqu'on fasse, je ne crois pas impossible la régénération du corps social, quelque profond que soit l'abîme où il grouille.

Je ne parlerai pas ici des différentes nations du monde, de leur degré de civilisation ou de barbarie, libre à elles de perfectionner leurs mœurs, leurs lois, leurs caractères et leurs usages, c'est ce que je désire comme frères et tous enfants de Dieu.

Je m'arrêterai donc à l'intérêt de ma propre nation, en ce moment encore meurtrie et épuisée, excessivement pauvre en hommes éminents et cruellement divisée. Plusieurs partis politiques bien distincts veulent chacun gouverner la France *à priori*. Ils ont leurs presses et leurs clubs, et ils se querellent journellement les uns les autres en se reprochant mutuellement leurs fautes et leurs iniquités, sans jamais (notez-le bien) pouvoir s'attribuer une vertu. Chacun d'eux se glorifie du nom magique de conservateur, et taxe ainsi les autres de destructeurs. *Dieu sait où sont les vrais conservateurs.*

Le journalisme est devenu une arène de vipères. La soi-disant République est tourmentée par les royalistes et les impérialistes qui relèvent la tête et montrent les dents, lorsque leur histoire et la raison leur commandent le silence et leur conversion pour l'amélioration et l'affermissement du régime républicain.

La dernière Assemblée nationale qui à peine vient de s'affaisser, a donné tous les jours, pendant cinq ans, le spectacle de la discorde; elle a toujours été en proie aux vaines discussions, aux querelles et aux invectives. Toutes les droites, toutes les gauches, tous les centres, tous les extrêmes et tous les divers groupes en ont fait un chaos au détriment et à la honte de la nation; et qui le croirait? au moment où la France entrait en convalescence, après avoir été écrasée et abîmée par la guerre étrangère et la guerre civile, les représentants du peuple, en vérité issus d'un suffrage en proie aux plus grandes afflictions et dans un moment de perturbation, se sont déchirés dans l'Assemblée nationale en luttes de partis, sans trop se soucier des intérêts et des besoins de la Patrie. L'ambition du pouvoir a fermé les yeux aux royalistes et aux impérialistes qui n'ont pas voulu et ne veulent pas les ouvrir pour voir clairement que, si le trône de l'un d'eux survenait, il serait encore mis en poussière au bout de quelque temps et exposerait la nation au triomphe des brigands du dedans et du dehors. Ils ont longtemps hésité d'interroger la voix du pays. Ils n'ont presque rien pu organiser ni constituer, et ils ont énervé l'Assemblée et le pays.

Aujourd'hui, de haine et de rage, ils épouvantent la société en ne lui parlant que de la démagogie et du péril social (lorsqu'ils savent qu'il n'y a rien à craindre) et partout ils montrent la robe sanglante de César, au lieu de présenter la branche d'olivier. Sans civisme ni philosophie, ils serrent leurs bourses au travail et à la charité publique; et sans mémoire ni remords, ils se morfondent dans les luttes politiques; mais le plus grand de leurs crimes (eux ennemis mortels toujours prêts à s'entregorger) c'est, parfois, leur alliance plus que monstrueuse contre la République innocente et bien intentionnée.

Enfin, et malgré tout, un événement considérable s'est produit dans la dernière Assemblée. Ou convaincus, ou convertis, une majorité s'y est formée qui a constitué la France en République, et l'a pourvue de deux Chambres; par suite, les élections des membres de l'une et de l'autre ont été faites, et on peut dire aujourd'hui, que sauf quelques arrondissements dévoyés et inconscients, la France s'est prononcée en faveur du régime républicain.

Eh bien! c'est le moment de vous le dire en toute vérité, et à vous de le faire en toute franchise.

Républicains de nom, royalistes de toutes couleurs, impérialistes qui ne devriez pas être, et tous apostats et girouettes qui pouvez vous trouver dans les deux Assemblées nouvelles; au nom de Dieu et de la Patrie, convertissez-vous tous, débarrassez-vous du démon de la cupidité, soyez hommes de bonne foi et de bonne volonté, *et sauvez, sauvez la France au nom de la vraie République.* Entrez tous sous la même bannière, et travaillez ensemble pour les progrès moraux et matériels de la nation. Ainsi, vous ferez cesser les hostilités et les souffrances publiques que vos luttes occasionnent et vous préviendrez aussi l'effacement de la France que vos divisions pourraient amener.

Afin de parvenir aux conversions, aux réformes et aux progrès, il faut aujourd'hui employer tous les moyens raisonnables et énergiques. Or, je crois que d'abord il faut mettre à nu la société aux trois quarts dépravée, et porter le fer rouge sur toutes les plaies gangreneuses qui la couvrent et la dévorent, il faut à tout prix tirer le rideau et montrer en face du ciel et de la terre tous les abus, tous les préjugés, toutes les erreurs et tous les forfaits qui souillent la France, et indiquer ouvertement le remède à chaque mal. Il faut dire aux gouvernants comme au peuple la vérité et toute la vérité, et de cette vérité au grand jour, il en ressortira, il faut l'espérer, une conversion et une régénération.

Pour ma part, je vais donc essayer, en homme de bonne volonté et de bonnes intentions, de traiter ce sujet si pénible et bien au-dessus de mes forces, et si j'ai le malheur, comme tant d'autres, que la vérité sortie de ma bouche blesse et mortifie les coupables et incorrigibles de tous les partis et m'attire leur haine et leurs poursuites, venez me saisir, gendarmes de la monarchie, de l'Empire ou de la République, je vous attends de pied ferme, venez, et sur la route de la prison, je réciterai à haute voix la *Fable des bâtons flottants.*

Aujourd'hui, rien ne saurait me surprendre, car déjà une fois, après avoir tant écrit pour le bien public, j'ai été frappé par l'iniquité et l'ingratitude.

J'avance d'abord que l'histoire des gouvernants de tout régime ne présente, à une rare exception près, que des ambitieux, des tyrans et des matérialistes. *On n'a pas encore vu un philosophe social.* Arrivés sur le trône, ils ont toujours été envahis par un essaim de courtisans affamés qui en ont fait de suite des oppresseurs et des corrupteurs, si déjà ils ne l'étaient pas par nature. De là, les priviléges, les monopoles, les faveurs, l'obscurantisme, les lois oppressives, les lourds impôts et puis la discorde et la guerre civile.

Vous avez beau faire et beau dire, gouvernants absolus, ce n'est que de vos priviléges, de vos injustices, de vos compressions et de vos tyrannies que sont nées les révolutions qui, immédiatement et injustement, ont pris le nom sacré de République, et ont été elles-mêmes une suite d'erreurs et de crimes. Cette dénomination de République, soit dit ici en passant, est une sottise à ajouter encore à l'histoire, car jamais en France, il n'y a eu la République. Ce mot a toujours été, et est encore aujourd'hui prostitué en regard de nos lois, de nos mœurs, de nos usages et de nos caractères, et je trouve lamentable qu'on donne ce nom au règne actuel de la désunion, de la cupidité, de l'incivisme et de l'inertie. Qu'est donc venu faire cette batarde?

On me répond gravement que la République d'aujourd'hui est légitime, pure et puissante, et qu'elle est venue pour balayer toutes les ordures de tous les règnes passés et pour implanter la force et la vertu dans la nation; qu'elle sera énergique et progressive, tout en étant conservatrice. Ainsi soit-il! Sinon, je le prédis ici, elle serait de courte durée.

Aujourd'hui, qu'on sache partout une fois pour toutes (et qu'on y aspire) que la République est un gouvernement à bon marché, un gouvernement de progrès et de fraternité; qu'il repose sur la religion du Christ, sur le respect des lois et sur la morale, et qu'il ne tient et ne conserve son existence que par le désintéressement.

Quand un peuple se gouverne, c'est une preuve qu'il est sage; or, je le demande, où se trouve aujourd'hui la sagesse de la nation française dévorée par la rage effrénée des richesses, des plaisirs et des sinécures, laquelle rage absorbe et amortit toutes les vertus. Où est-elle cette sagesse, dans un peuple en grande partie sans mœurs et sans religion?

On me répond encore que cet état n'est que le fruit des règnes des despotes, et qu'il va survenir l'ère des conversions. Alors, il faut pour cela porter le fer rouge à la lèpre morale de la nation, et s'avancer unis, hardiment et de bonne foi vers la vraie République qui, seule, peut sauver l'humanité et faire son bonheur.

Il faut aujourd'hui, d'urgence, que les gouvernants, tous les sincères patriotes, les penseurs et les moralistes établissent de suite des principes de morale et de perfection humaines, qu'ils les rendent populaires, qu'ils les prêchent du haut des toits jusqu'à ce que tout le monde les sache par cœur; et ils parviendront à régénérer le corps social. Malheureusement, tout cela ne peut se faire dans un jour. *Patientia autem, sursum corda, advenerit Respublica vera.* Patience et courage, la vraie République arrivera.

Il en serait temps, car l'histoire, d'un bout à l'autre, montre que gouvernants et peuple, tour à tour vainqueurs l'un sur l'autre, ont fait fausse route jusqu'à ce jour pour le bien général. La voici en deux mots :

Quand les excès et les crimes des gouvernants ont par trop torturé le peuple et l'ont forcé à les chasser à coups de pied jusques sur le sol étranger, alors on a vu apparaître une soi-disant République avec une tête bien intentionnée, mais avec une queue terrifiante et ravageuse, et toutes les fois que cette République a apparu, toutes les fois, elle a été étouffée par une réaction ambitieuse, rétrograde et oppressive; et ne dirait-on pas alors que la nation française doive rouler éternellement de Césars en sans culottes, d'arlequins en pétroleurs, d'épées en quenouilles, et qui sait tous les changements et toutes les rénovations oppressives et honteuses qu'elle doit subir jusqu'à son effacement ou son salut?

Ne sommes-nous pas aujourd'hui au temps de l'antechrist? Est-ce que depuis 89, toutes les abominations de la désolation et toutes les iniquités ne couvrent pas la terre comme sous un déluge de perditions? Est-ce que nos luttes honteuses de partis politiques et nos divisions intestines ne montrent pas chez nous, aujourd'hui, l'infirmité de la raison et la perversité des cœurs? Et naguère qui n'a pas frémi d'horreur et n'a eu le cœur broyé à la vue et aux récits des crimes de ce qu'on appelle la *Commune?* Comment! voir dans la capitale de la France, une armée de forcenés sans foi ni loi, une armée de minotaures et d'euménides évidemment échappés des crevasses de l'enfer, une armée de monstres altérés de sang, de flammes et de pillage, ne respirant que le carnage de leurs frères; lorsqu'à deux pas de là (à Versailles), ces profonds scélérats voyaient les éxécrables tyrans qui, en ce moment, éventraient la France et suçaient ses entrailles, et qu'au lieu d'être trois cent mille Nérons, ils pouvaient et devaient être trois cent mille Brutus!

Voilà l'ignominie du plus grand des crimes, sans précédent ni nom dans aucun pays du monde. *Lucifer en a frémi.*

Cependant, ne crois pas, ô France! que les crimes de la Commune souillent ton histoire; loin de là, ils la relèvent par le fait de l'extermination à tout jamais de l'hydre mise en poussière et jetée aux vents de la Calédonie par les apôtres de l'ordre et de la justice.

Quant aux égarés repentants, qui par étourderie ou par l'entraînement des ennemis de la France, se sont mêlés dans la tempête de sang et de flammes, il n'y a pas d'inconvénients, je crois, à ce que la République magnanime leur dise aujourd'hui : pénitents, rentrez dans vos familles, votre purgatoire est terminé.

Enfin, et malgré tout, il est aujourd'hui très-pénible de voir que la France, après toutes sortes de désastres, est encore enlacée entre deux cadavres : celui de la baziléomachie et celui du simulacre de République. Comment va-t-elle se détacher et sortir de cette galère? Elle en sortira, si la République votée le 25 février 1875 est sage, virile et progressive ; et, dans ce cas, il faut qu'elle soit sévère envers ses ennemis, défiante de ses embrassements, et très-vigilante sur ses menées. Sentinelle ! prends garde à toi ! Elle en sortira plus facilement encore, si la raison et la bonne foi dominent et convertissent les fanatiques et les rêveurs.

D'abord, qu'il soit justement et généralement bien reconnu qu'une royauté n'est guère possible, car elle a perdu son autorité et son prestige, et malgré quelques épisodes glorieux et honorables, son passé l'a tuée.

La royauté, comme on le sait, est l'héritage transmis par les anciens maîtres du monde aux descendants des barbares, qui les avaient vaincus, et telle qu'elle a été jusqu'ici, elle n'a été trop souvent qu'un régime moralement et matériellement égoïste et rétrograde. Sa Cour a toujours été un foyer de corruption, d'où la bassesse et l'esprit de servilité se sont propagés au loin dans toutes les classes de citoyens.

Royautés ou Empires ont toujours été entourés de courtisans qui les ont égarés pour leur avantage personnel. Ils sont toujours devenus le centre d'une atmosphère de doctrines erronnées complétement en désaccord avec les doctrines nationales. Entre Royautés ou Empires et la société moderne, il y a des abîmes infranchissables ; et il est à remarquer, que pour conserver et perpétuer leurs règnes qu'ils croyaient éternels, rois et empereurs se sont toujours appuyés sur la force des baïonnettes et sur l'intérêt de la richesse, et que toutes les fois, ô vicissitudes humaines ! que celles-ci leur ont fait défaut, il a surgi, je le répète, la soi-disant République, laquelle ignorante, impuissante et incapable, a maintenu (à quelques rares exceptions près) les traditions de la monarchie ; elle a, pour ainsi dire, protégé le respect des vieux abus et n'a provoqué aucune réforme civile ni religieuse. En arrivant au pouvoir, elle n'a jamais su qu'il fallait frapper sur les mauvaises lois et institutions, et a cru tout faire (encore, si elle l'a fait !) en purgeant quelques administrations, et en chassant quelques loups de la bergerie. Elle n'a jamais su qu'en détruisant un tyran, il en venait dix à sa suite, et qu'en détruisant la tyrannie, les dix tyrans n'existeraient jamais plus. Mais bien plus, cette soi-disant République, toujours aussi ambitieuse que la monarchie, elle s'est entregorgée ; toujours ingrate, elle a été toujours parricide ; toujours désunie, inconstante et faible, elle a été toujours forcée à faire place à la réaction affamée et cauteleuse qui a toujours suivi un succès mal préparé et incomplet. Voilà, je le repète encore, l'histoire scandaleuse et humiliante depuis 89.

Maintenant j'en appelle aux vrais opportunistes, à tous les hommes de bonne foi, instruits, désintéressés et sincères patriotes. J'en appelle à la France entière, assez expérimentée, afin d'arriver à une solution rationnelle et honorable. N'est-il pas vrai que Royauté, Empire et simulacre de République ne peuvent plus exister sans amener continuellement des révolutions ou laisser paralysées toutes les affaires du pays, et n'est-il pas urgent que cette pauvre France, toujours ballotée d'un extrême à l'autre, finisse par s'arrêter à quelque chose de raisonnable et de sensé ? Donc, n'allons pas aujourd'hui par quatre chemins, et disons le dernier mot :

Il faut que la France fasse sa lessive ; il faut que tous les partis politiques renoncent à leurs chimères, et qu'ils se confondent et s'incarnent dans un gouvernement vertueux et progressif ; il faut qu'ils reconnaissent que vouloir dominer l'un sur l'autre, c'est vouloir perpétuer la guerre sociale de deux ou trois partis contre un, et paralyser et anéantir la nation. Il faut enfin que la mauvaise foi, fille de la cupidité, disparaisse de notre société désunie et souffrante. Il n'y a donc qu'un seul parti à prendre aujourd'hui pour le salut de la France, c'est l'embrassement général d'une République vertueuse, issue du suffrage universel purifié. Je dis purifié, et je déclare stupides ou de mauvaise foi, ceux qui auraient voulu ou qui voudraient le voir toujours fonctionner avec son écume et qui ne trouveraient pas bonnes les modifications qui s'y sont faites.

Le suffrage universel est sans doute et sans conteste, une des plus belles institutions politiques, il est la voix de Dieu, mais il faut, comme toutes les choses de ce monde, qu'il soit purifié. La fatale et terrible expérience depuis sa création, l'a conseillé et ordonné. Voyez ce que l'ignorance et le vagabondage ont produit en 1848? Ils ont à cette époque infligé à la nation beaucoup de représentants, de conseillers généraux, départementaux et municipaux d'une capacité et d'une dignité à contester; et puis ils ont vomi sur la nation un aventurier qui l'a oppressée et corrompue, un parjure qui a fait afficher sur tous les murs de la France que l'Empire était la paix, et qui accolé à Bazaine, a déclaré des guerres insensées qui ont amené la perte de dix milliards et de deux provinces, trois cent mille hommes couchés sur la poussière, l'envahissement et l'humiliation de la Patrie, la misère et la guerre civile.

Tes votes en mains, frappe-toi la poitrine, peuple français, toi qui t'enthousiasmes si facilement et t'affaisses de même, toi qui as toujours brûlé le lendemain ce que tu adorais la veille, et qui t'es fait un jeu du Capitole comme des Gémonies, toi, qui encore aujourd'hui, dans certains pays, assistes et aides à la résurrection de ce que naguère tu as enseveli avec rage et indignation. Frappe-toi la poitrine et cesse d'être frivole, instruis-toi et tu cesseras d'être inconstant, ingrat et fanfaron de liberté.

Ta cocarde, peuple, porte ces mots : *Paix et Travail.* Tes votes en mains, fuis désormais les extrémités, ne t'arrête pas dans les clubs ni devant les professions de foi, et court droit aux républicains qui peuvent te procurer la paix et le travail. Non, mille fois non, tu ne replongeras pas la Patrie dans les fers, tu ne détererras jamais le haillon blanc, ni le haillon rouge et tu laisseras profondément inhumés les ossements de l'aigle. **Tes mains se sècheraient plutôt.**

Je reviens à mon premier sujet, et je dis que le suffrage universel *brut* a dû subir des corrections et des modifications sur les éléments indignes qui y figuraient contre le bon sens. De toutes parts on a crié qu'il fallait soustraire la nation au joug de la lie, et la délivrer du despotisme de la multitude ignorante et tarée, le plus cruel de tous ; qu'il fallait éliminer ces brigades de vauriens, sans feu ni lieu, sans foi ni loi qui s'agitent et délibèrent dans les ténèbres.

Le suffrage universel livré à l'ignorance et à l'intrigue élève ou brise les hommes au hasard ; il peut, comme je l'ai dit, nommer des législateurs et des conseillers sans capacité ni dignité ; et qui ne sait pas que lors de sa création, presque tous les votes de la populace ont été achetés avec des verres de vin et d'alcool, ou des promesses d'emplois, par de bas meneurs et courtiers politiques soudoyés ?

Enfin, grâce à nos législateurs qui ont fait tout ce qu'ils ont pu pour épurer le suffrage universel, il est possible qu'il soit encore perfectible, mais en attendant, je crois qu'une bonne République peut partir du suffrage universel tel qu'il vient de fonctionner, malgré qu'il ait produit quelques énergumènes dont la société aurait tort de s'épouvanter, car le temps et le bon sens en feront justice, et déjà le pays condamne certains membres du Sénat qui font une guerre de parti à l'Assemblée du suffrage universel.

Aujourd'hui, que tout le monde sache qu'entre le gouvernement républicain, et celui qu'on appelle royauté légitime ou héréditaire, ou celui de l'Empire, il y a la distance *du firmament aux cloâques*. Cette distance s'explique par cela seul que la République choisit pour être gouvernée et administrée les plus honnêtes et les plus capables citoyens de la nation, et qu'elle n'est pas exposée à avaler des imbéciles ou des tyrans que peut lui infliger l'hérédité ou le despotisme ; qu'elle défie tous les Brutus et tous les Catilinas du monde, et qu'elle se transmet dans la personne de son président, sans révolutions, sans la moindre secousse et sans jamais pouvoir devenir la proie **d'un joueur de flûte.**

Voilà la vérité et la bonne foi. Voilà un régime devant lequel tous les partis doivent s'effacer. Voilà ce que Dieu veut, et ce qu'il donnera irrévocablement à notre nation dans toute sa pureté.

Naguère la France s'est trouvée dans une situation grave et critique. Sa représentation nationale se balançait à nombre égal entre la République et la royauté; mais par suite de certains incidents, la majorité de l'Assemblée a été d'avis de proroger pour sept ans les pouvoirs de l'honnête homme et illustre général qui était à la tête du gouvernement.

Ici, soyons tous de bonne foi et sans parti pris; n'est-il pas certain que dans cet intervalle, ces pouvoirs qui doivent être fortifiés, honorés et respectés généralement et sans arrière-pensée, peuvent et doivent faire enraciner et perpétuer en France la force et la vertu, la rendre prospère et invincible, et la faire aboutir à un régime définitif ?

Dans cet intervalle, n'est-il pas à croire que la chose publique bien administrée et progressive doive faire tomber les armes des mains de tous les partis, qui reconnaîtront enfin que pour l'apaisement et la fin des guerres sociales et politiques, il faut continuer à voir à la tête de la France, un homme digne et capable, *choisi par les deux Asssemblées.*

D'abord, la loi électorale, qui peut être reconnue encore perfectible, vient d'être mise en vigueur par l'élection des membres des deux Assemblées. Elle a fourni sans doute à la France recueillie et expérimentée l'occasion d'exprimer ses vœux avec confiance, et il faut croire, quoiqu'on en dise, et malgré l'existence regrettable de quelques dissentiments, que ces deux Assemblées nationales ne donneront jamais le spectacle d'une désunion honteuse et énervante, et que, unies au Président de la République, elles ne regarderont que l'intérêt de la Patrie, qu'elles prendront la route de la conciliation, du désintéressement et de l'honnenr, qu'elles chercheront petit à petit à produire *le plus grand bien du plus grand nombre,* qu'elles songeront à l'instruction des masses, cet agent si puissant de la régénération et de la civilisation, qu'elles prendront tous les moyens pour faire diminuer la misère et l'ignorance, afin de voir diminuer infailliblement la dégradation de l'espèce humaine.

Il faut encore espérer et croire qu'elles feront de bonnes lois humanitaires et conservatrices et feront tout ce qui leur sera possible pour améliorer l'état de notre religion et celui de nos mœurs; qu'elles parviendront à ce que le champ de bataille des emplois soit restreint et mieux organisé et qu'il ne soit livré qu'à la dignité et à la capacité; la République désavouant le favoritisme et les sinécures et ne donnant ses faveurs qu'au mérite.

Alors la France, qui possède dans son sein, les éléments les plus considérables pour toutes les prospérités et toutes les richesses, possèdera aussi ceux qui feront d'elle le cœur et le cerveau du monde.

On a dit avec raison : honneur aux bons citoyens qui meurent pour la Patrie! Mais on dira avec plus de raison : trois fois honneur aux bonnes lois qui ne meurent point, mais qui se transmettent de génération en génération comme un magnifique héritage de paix et de prospérité.

Pour atteindre ce but (je ne saurais trop le répéter), il faut qu'une grande union se fasse, il faut que la fièvre ardente des pénitents blancs et celle des pénitents rouges, tous intransigeants sourds et aveugles, se calme et s'éteigne devant une sage République.

Les uns veulent reculer, les autres marcher trop vite, et par là, se précipiter dans l'abîme et y entraîner la nation. Il faut que ces hommes reconnaissent aujourd'hui, au risque de perdre la France, que leur esprit de parti décompose la société française, et la jette indéfiniment dans le marasme.

Il faut que tous les penseurs et moralistes s'escriment et s'épuisent pour arriver à la conciliation des partis, et à ce sujet, je répète ici ma prière : **Oh! Dieu des mœurs et de l'union, descends sur la France!**

En atome dans la catégorie des réformateurs, je vais avancer humblement quelques documents d'après les impulsions d'une intime conviction. On dit qu'il n'y a rien d'inconnu sous le soleil, et que tout a été dit. Eh bien alors! c'est parce que tout a été dit, et que presque rien n'a été fait, que je proclame à hauts cris ce qui doit l'être.

Si des hommes à courte vue, des ladres et des vampires me taxent d'utopiste, je les déclare eux, appartenir à la bande des Cartouche et des Mandrin, ou à celle des Iscariote et des Tartufe. Ceux-là ont intérêt à prolonger l'ignorance afin de cacher les abus dont ils vivent, ces corrupteurs qui de tous les temps ont laissé pourrir le pays pour continuer leurs rapines et conserver leurs intérêts privés, ces hordes de tripoteurs et de prévaricateurs, ce parti malsain de la tourbe usurière et libertine.

Arrière donc, Baziles et Escobars, vous êtes l'iniquité et l'opprobre de la nation. Allez, maudits, allez vous cacher, la lumière vous épouvante et vous rend fous.

Président et ministres, sénateurs et députés de la vraie République, vous avez beaucoup à faire pour le plus grand bien du plus grand nombre; car quoiqu'on en dise, la France est encore à l'alphabet de la civilisation.

Voyez ce qui se passe au XIXe siècle à l'égard de l'élément le plus considérable pour le repos et le bonheur de l'humanité. Je veux parler de la religion chrétienne, sans laquelle la vie sociale, aussi bien que la vie individuelle est dans le vide et le malheur. Voyez l'Église si humble et si adorable dans ses temps primitifs, et si promptement dégénérée. Voyez la religion sacrée sur tous les points, s'altérer et se perdre tous les jours. Reconnaissez qu'au lieu de s'améliorer, son catholicisme va en empirant, et que cet état de choses traîne l'humanité dans l'abîme du néant.

Vous savez que la religion chrétienne doit être la fondatrice de la parfaite civilisation, eh bien ! au nom de notre Dieu qui le veut, provoquez une rénovation religieuse, car telle qu'elle est et se pratique aujourd'hui, notre religion est faussée et abandonnée. La France a un besoin extrême de se retremper dans la foi de Dieu, et afin que l'état de son peuple se transforme, il faut que son état moral et religieux se transforme aussi.

Rien ne serait plus surprenant et plus inconcevable dans le monde que de voir qu'une rénovation religieuse n'ait pas accompagné les révolutions politiques, si on ne savait que c'est là le résultat de l'ignorance, de l'indifférence et de la dépravation des monarchistes et des révolutionnaires, car on peut dire jusqu'à ce jour, que ni les uns ni les autres n'ont rien fait pour la pratique de la vraie religion.

Depuis longtemps, est-ce vrai ou faux ? (*relata refero*) on accuse les ministres de la religion, d'être en partie la cause du réveil et du développement de l'esprit anti-religieux. On les accuse de s'écarter et de trahir les doctrines du Christ, et de prévariquer journellement à ses évangiles, et là-dessus on dit : qu'est-ce qui a donné naissance au projet insensé de la séparation de l'Eglise et de l'Etat ? Quest-ce qui a engendré les libres-penseurs et leurs sorties scandaleuses ? et qu'est-ce qui produit l'indifférence, la négation et l'abandon de la religion ? C'est en grande partie, l'intolérance des prêtres, c'est leur esprit d'absolutisme, c'est la cherté de leurs fonctions, c'est leur ingérence dans la politique, ce sont les écarts de leur mission, ce sont leurs efforts pour implanter partout la théocratie temporelle, et c'est enfin comme les mondains l'adoration perpétuelle de l'argent.

Oh ! Dieu tout-puissant qui as dit que ton royaume n'était pas de ce monde, tu ne permettras plus que tes disciples dogmatisent et légifèrent sur les choses terrestres. Tu les remettras dans ton chemin ; car que nous veulent aujourd'hui ces brigades de jésuites qui se tourmentent et tourmentent le monde pour posséder la souveraineté temporelle? Que nous veulent encore ces légions de moines, de pèlerins et de congréganistes? Que vont-ils faire à Lourdes? Je ne veux pas le savoir, mais ce que je sais et ce que je désirerais, c'est que tous ces prêtres et missionnaires avant de raconter au peuple les miracles des saints et des saintes, et le mener en pèlerinage, ils lui apprissent tout simplement qu'il y a un Dieu créateur et miséricordieux qui a donné à l'homme une âme immortelle et l'a laissé libre sur la terre, et qu'au lieu de s'occuper du gouvernement des hommes, ils devraient s'occuper de charité et la porter partout en silence.

Gouvernants d'aujourd'hui, armez-vous donc de la plus grande et de la plus sainte énergie, le temps presse et il est favorable pour accomplir la plus sacrée des œuvres humanitaires. Donnez le bras à l'Eglise, conduisez-la, surveillez-la, soyez en communion avec tous les chefs de la chrétienté; Dieu le veut.

Et toi, pape, présent ou à venir, roi inébranlable des chrétiens, que tu sois à Rome ou à Avignon, tu es toujours l'image et le représentant de Notre-Seigneur Jésus-Christ. Le Saint-Sacrement et les clefs de St-Pierre sont ton glaive et tes finances, par la vérité irréfragable que ton royaume n'est pas de ce monde.

Dédaigne aujourd'hui de foudroyer les souverains ambitieux et ingrats, prie et pleure sur eux, et tes prières et tes larmes seront la Sainte-Ampoule qui les convertira. Jette un regard de commisération sur leurs peuples guerroyeurs, forme des vœux pour leur conversion, Dieu t'écoutera, et sa volonté infaillible les régénèrera.

Sans délai, provoque un nouveau Concile, car celui de 1870 a été des plus stériles, et que dans ce Concile, il soit généralement et bien reconnu que la religion chrétienne a besoin d'une rénovation, et que pour cela, il faut d'abord prendre une mesure générale dans la chrétienté; elle consiste à y répandre un catéchisme autre que celui d'aujourd'hui, qui soit le même partout, simple, bref et dépouillé de tous mystères, symboles et paraboles, qui renferme les commandements de Dieu, qui prêche la foi, l'espérance et la charité, qui apprenne aux hommes, je le répète, qu'il y a un Dieu créateur et miséricordieux qui leur a donné une âme immortelle et les a laissés libres sur la terre, se réservant leur récompense éternelle dans le Ciel, et leur punition temporaire dans un purgatoire ; mais plus de flammes éternelles ; **l'enfer, c'est ce monde.**

Après cela, que tous les membres de ce Concile, étant bien pénétrés et convaincus que leur royaume n'est pas de ce monde, ils doivent une fois pour toutes se débarrasser et ne tenir aucun compte des biens terrestres. Qu'ils demandent à leurs Etats (qui ne le refuseront pas), des émoluments suffisants pour tous les prêtres de la chrétienté afin qu'ils puissent vivre honorablement sans avoir recours à aucun casuel du peuple, désormais impraticable.

Que tous redoublent d'efforts pour propager la foi de Dieu, qu'ils subordonnent leur conduite à leurs doctrines, et alors on verra la religion et les ministres être généralement et partout vénérés, on verra l'humanité se transformer, toutes les vertus se dévolopper, et la paix exister sur la terre ; car on frémit aujourd'hui en pensant que le temporel que l'Eglise ambitionne sans raison, peut un jour amener toutes les guerres ; et à cet égard, ne voit-on pas déjà poindre l'épée de l'Allemagne et celle de l'Italie ? et qu'il est aussi la cause aujourd'hui des inondations de sang en Espagne ?

A l'œuvre donc, membres du nouveau Concile, à l'œuvre du vrai Syllabus, de la résurrection et de la paix ; et que la volonté de Dieu s'accomplisse !

Après avoir fait réaliser cet ineffable bonheur pour l'humanité, il vous incombe, gouvernants, de fermer à tout jamais la porte aux discordes civiles et combler le gouffre des révolutions. A mes yeux les moyens ne sont pas impossibles.

J'aborde donc le fait capital qui sans doute est la cause des dissensions, des divisions intestines et enfin des révolutions, je veux parler de la rage effrênée des faveurs, des emplois et des dignités, de cette lèpre qui mine la société française.

Aujourd'hui la moitié de la France est administrée par l'autre moitié, tout le monde veut des places, ou pour mieux dire, des sinécures. Tous les ministères sont sans cesse envahis et tourmentés par des solliciteurs et des intrigants. Le népotisme, l'influence et le favoritisme sont seuls tout-puissants au détriment du mérite, aussi la plupart du temps, ils amènent aux emplois des ânes ou des coquins; et soit dit ici en passant, d'où sortent encore ces nombreux impolis qui glaçent les personnes qui vont leur demander un renseignement ou une signature presque toujours illisible? Ils sortent de la roture protégée aveuglément, ou par hasard. Enfin, *réponds République ?* sera-t-il toujours vrai de dire que ce monde ne va que par compères et commères ?

Aujourd'hui en France, il n'en faut pas beaucoup pour être élevé ou abaissé. Si c'est à la venue d'une monarchie, il suffit pour avoir la place d'un autre, d'être le parent ou l'ami d'un chouan ou d'une soutane, ou d'avoir été leur mouchard ou plat valet, ou bien d'avoir suivi des processions ou des pèlerinages.

Si c'est à la venue de la soi-disant République, il suffit encore pour avoir la place d'un autre, d'avoir déclamé ou écrit quelque article d'opposition contre le régime précédent, d'avoir fréquenté des braillards et des clubs, d'avoir chanté la *Marseillaise*, ou d'avoir porté une cravate rouge. Tout cela serait désopilant, si ce n'était odieux et abominable.

Le fait des privilèges et des faveurs en France, m'amène à dire ici un mot sur l'abus et la prodigalité des décorations civiles, et des bureaux de tabac.

Sans doute, la croix d'honneur est une institution intéressante et nécessaire, mais il semble que sa pratique la dénature, car aujourd'hui en France, presque tout le monde porte cette croix, elle paraît en trop grande profusion et c'est pourquoi personne ne fait plus aucune attention à cet emblème distinctif. Il est à croire que la République sage en fera une révision, et en sera raisonnablement avare.

Quant aux bureaux de tabac, ils sont depuis 40 ans, considérablement multipliés en France, non pas en raison du besoin et de l'accroissement de la population, mais bien en raison de l'intérêt fiscal et en celle de la marche progressive du favoritisme et de la décadence.

A voir partout le nombre des bureaux de tabac, on dirait que l'usage de ce narcotique est recommandé (au lieu d'être défendu). Mais ce qu'il y a de certain, c'est que le fisc retire un grand bénéfice de la régie des tabacs au détriment de l'économie et de la santé publiques, et ensuite ou peut dire que les gouvernants n'ont pas toujours donné, comme on le dit, les bureaux de tabac au mérite et aux infortunes dignes d'intérêt, et quoi qu'on fasse, la croyance générale est, qu'ils ont été et seront toujours donnés aux personnes qui ont la protection la plus puissante.

Comme qu'il en soit, la France est devenue une vaste tabagie, on n'y voit plus que fumeurs et chiqueurs, et de là l'imbécillité et la décrépitude de l'espèce humaine.

Enfin depuis cent ans, on voit la frénésie des faveurs et des emplois prendre des proportions effrayantes, et il est vraiment déplorable que les gouvernants soient restés sourds et aveugles aux conseils et aux écrits des économistes, des patriotes et des moralistes qui ont tout dit afin de mettre un terme à la fureur des places qui seule engendre les ferments des discordes civiles. Ils leur ont dit :

Voulez-vous que la France soit unie, tranquille, laborieuse et vertueuse? voulez-vous fermer l'ère des révolutions? Eh bien! abolissez les innombrables sinécures, et diminuez les gros traitements; fermez les yeux et les oreilles à la brigue et à l'intrigue. Faites cesser le favoritisme dans toutes les branches des administrations. Ayez pour principe irréfragable que les récompenses et les faveurs ne sont dues qu'au mérite, et pour cela décrétez *que tous les emplois seront mis au concours*, mais entendons-nous bien, à des concours sévères et impartiaux. Ensuite prenez tous les moyens possibles pour reconnaître la moralité des concurrents, et à mérite égal sur la capacité, que le plus honnête soit préféré.

En abolissant les sinécures et en diminuant les gros traitements, vous prendrez en moindre considération les économies que vous ferez, que l'immense avantage que vous obtiendrez en atténuant l'envie et l'antagonisme, et en faisant refluer les non-valeurs sur l'industrie et sur l'agriculture qui ont tant besoin de bras; et par là aussi vous mettrez un frein à l'avidité des places trop rétribuées.

En soumettant tous les emplois aux concours, vous aiguillonnerez l'instruction et la vertu qui deviendront générales, et vous mettrez la paix sur la terre. Vous ferez savoir partout que la République ne distribue ses faveurs qu'au mérite, et que pour obtenir une place rigoureusement remplie et justement rétribuée, il faut être instruit, vertueux et laborieux, alors vous éloignerez cette armée d'ambitieux, d'intrigants et d'apostats qui dès qu'ils n'obtiennent pas ce qu'ils convoitent, se jettent dans les camps opposés et deviennent des révolutionnaires.

Avouez aujourd'hui, ennemis de la République, que vous ne lui faites la guerre, et ne cherchez à la renverser que pour avoir après elle les honneurs et les places; eh bien ! enragés que vous êtes, vous les aurez avec elle les honneurs et les places, si vous en êtes jugés dignes par concours.

En un mot, il faut que depuis les ambassadeurs jusqu'aux gardes-champêtres, les places soient données aux plus méritants, et c'est alors qu'on verra se propager l'instruction, la morale et toutes les vertus civiques, et s'anéantir les partis politiques.

Gouvernants, sachez aujourd'hui *que la société est mal organisée*, sachez que vous avez à abolir, à réformer, à créer et à multiplier certains emplois dans plusieurs administrations, et autant vous devez être hostiles aux sinécures et aux gros traitements, autant vous devez être partisans des emplois utiles et salutaires à la société, et vous devez savoir que pour exiger la vertu des gens qui occupent des emplois ordinaires, vous devez la leur rendre facile en les rétribuant convenablement.

Quant aux réformes sur les traitements exorbitants, et sur les abolitions des sinécures, elles sont si nombreuses et si évidentes qu'elles me dispensent d'en parler ici, mais quant aux bonnes institutions qui exigent quelques réformes, et à celles à créer et à multiplier, je vais brièvement et à mon point de vue dire à leur égard toute ma façon de penser.

D'abord, il est bien reconnu d'après l'histoire, que de tout temps, la diplomatie française a non-seulement mal renseigné les gouvernants, mais qu'elle a même négligé de les instruire sur les progrès en étude ou en pratique chez les nations où elle fonctionnait. Il serait trop long de détailler ici toutes les négligences et insouciances commises autrefois par nos diplomates chez plusieurs nations, je me bornerai seulement à dire aujourd'hui qu'en 1866, lorsque la Prusse écrasait l'Autriche avec ses fusils à aiguille, nous n'en possèdions pas un en France; et qu'en 1870, nous ne connaissions nullement les forces et les armements formidables de l'Allemagne. Que tout cela serve de leçon au gouvernement de la République, qui doit dorénavant exiger beaucoup de détails de sa diplomatie, laquelle ne doit jamais être indolente.

Je dois encore signaler ici un fait qui a quelque analogie avec le précédent, et qui est un grand inconvénient pour les populations. Je veux parler de l'instabilité des préfets et sous-préfets dans les chefs-lieux où ils sont envoyés. D'abord, il est bien reconnu que ces hauts fonctionnaires ne sont la plupart que le fruit du népotisme ou d'une protection de circonstance, car les fréquents changements de ministère, la moindre bise politique contraire, les fait disparaitre par fournées comme ils les avait fait arriver. Comment veut-on alors que ces hommes exclusivement politiques puissent faire tout le bien qu'ils désireraient, et que veulent toutes les communes de la France? Qu'ils puissent dans un court séjour bien renseigner les gouvernants sur l'esprit public, sur les vœux, sur les aspirations progressives, et sur les besoins réels et urgents des populations?

Malheureusement, ce fait ne peut guère être entièrement réformé à cause de l'instabilité incessante des gouvernements en France, et qui ne cessera que lorsque la République sera bien assise.

Comme réforme, je ne dois pas oublier ici celle que je crois être une des plus nécessaires et des plus urgentes. Personne ne peut contester que le ministère de la justice ne soit une institution des plus utiles et des plus importantes pour la société. Eh bien ! qui le croirait? Au XIXe siècle, la justice est accusée et reconnue être trop lente et trop chère, tant en matière civile que commerciale. Les amendements qu'on y a apportés jusqu'ici sont insuffisants, car il est évident partout que dans son fonctionnement, il existe encore un vain attirail de formalités préalables qui n'est que pour le profit des officiers ministériels au détriment des masses. Tous ces délais, tous ces renvois multipliés sont pour elles un élément de ruine et de maladies, et on sait partout que le remède infaillible à ce mal tant de mille fois signalé, consiste dans la simplification de la procédure et dans la réduction des tarifs. A ce sujet, écoutez un moment les doléances d'un honnête travailleur. Naguère, il disait en public : toutes les fois que j'ai été obligé de recourir au ministère des prêtres ou à celui de la justice des hommes, j'y ai laissé tout le produit de mes longs et pénibles travaux, et voilà la cause de mon aversion pour les bandes noires.

A l'égard de l'administration de la justice, je crois devoir mentionner ici un fait de la plus haute importance. Il est su de tout le monde que les justices de paix sont une des plus belles institutions de la société. Ce sont elles qui contribuent puissamment à l'union, à la paix et à l'économie des familles; mais tout le monde sait aussi que la plupart du temps, la politique et la protection *font sortir de partout*, des hommes peu dignes, mais encore peu capables d'administrer la justice et de concilier les plaideurs.

Voyant cela, des hommes sensés et expérimentés ont écrit à ce sujet, et ils ont proposé des mesures et des conditions afin que les juges de paix soient partout des hommes dignes et capables; mais ces mesures et ces conditions sont encore sur le papier, derrière la politique et la protection. *Caveat Respublica !*

Aujourd'hui, il est généralement reconnu que, vu l'état de décadence où se trouve la France, il faut que les gouvernants après avoir procuré à leurs sujets, l'instruction, la moralisation et l'économie, leur donnent les moyens pour obtenir la santé, le bien-être et la sécurité; et, pour cela, il y a à créer certains emplois qui peuvent être très-salutaires et très-utiles à la nation.

Je propose d'abord l'institution d'un inspecteur d'hygiène publique dans chaque arrondissement. Il est évident que l'hygiène en France laisse beaucoup à désirer, soit dans les grandes et petites villes et villages, et qu'elle occasionne par son défaut, des maladies et une mortalité considérables. Il est évident aussi qu'elle est confiée en ce moment à des hommes incompétents, insouciants et inactifs. Il serait trop long de décrire ici les causes et les résultats du défaut d'hygiène. Ce qu'il y a de certain, c'est qu'il existe partout, et que les inspecteurs que je propose d'établir, auront en tous lieux à innover, à réformer et à améliorer des faits pour la santé publique; mais bien plus ils seront en outre chargés de l'inspection des débitants de boissons et de celle des nourrices mercenaires dont je vais bientôt parler.

Une autre innovation non moins importante à créer pour le bien-être des masses et surtout pour les six millions de travailleurs effectifs, la plupart encore dans la routine, est celle encore d'un inspecteur d'agriculture dans chaque arrondissement de la France. Selon moi, cet inspecteur peut rendre les plus grands services à la société. Compétent en agriculture locale, actif et communicatif, conseiller des agriculteurs, rémunérateur des progrès agricoles, auxiliaire des maires et des sous-préfets, cet homme inspecterait bénévolement et gratuitement les propriétés des communes, communiquerait ses observations et ses conseils, et, sans doute, il provoquerait et obtiendrait l'initiative individuelle au sujet d'un grand nombre de faits progressifs, tels que l'achat de machines et instruments pour remplacer le défaut de bras, la création de pépinières et puis la façon des barrages, celle des gazonnements et des boisements dans les terrains en pente, afin d'obvier aux inondations et aux emportements des terres. Ensuite en conseillant les meilleurs assolements des terrains, et la manière de faire et d'avoir beaucoup de fumier avec le moins de frais possible.

Cet inspecteur ferait obtenir des produits beaucoup plus considérables dans son arrondissement, et il arrêterait par là beaucoup d'émigrations ; et puis en outre de ces avantages, il fournirait au gouvernement tous les renseignements et toutes les statistiques que celui-ci désirerait et qui seraient à coup sûr très-exacts.

Comme on doit le voir, ces deux emplois à créer dans chaque arrondissement de la France, sont de la plus grande importance, et il n'y a nullement à crier sur les dépenses qu'ils occasionneraient, car elles se trouveraient toutes, je le répète, dans l'abolition d'autres emplois inutiles et superflus.

Je dois ajouter que ces deux emplois devraient être mis au concours.

A l'égard du dernier emploi qui intéresse vivement l'agriculture, et qui m'amène à commenter sa situation, j'avoue que je ne puis résister à mon indignation sur le peu de compte que les gouvernants passés ont tenu d'elle. Depuis très-longtemps, elle va en stationnant dans la gêne, dans la misère, et se débarrasse lentement de la routine, et depuis très-longtemps, on promet de la soulager, de l'enrichir et de l'ennoblir. Le monde est rempli de discours là-dessus.

Cependant l'agriculture est toujours en proie à tous les fléaux du ciel et à tous les abus de la terre, elle déserte sa demeure en désespérée, et se précipite journellement dans les centres où elle doit périr; et dire qu'on a fourni aux gouvernements tant de conseils et de moyens pour la soulager et la retenir ! Mais rien n'a été écouté, on a prêché dans le désert (comme peut-être je le fais aujourd'hui), et non-seulement ils n'ont rien fait pour elle, mais ils l'ont leurrée et aveuglée; car quelle dérision et quelle déception que ces concours agricoles! Que de choses fallacieuses et seulement éblouissantes! Quelle honte que de voir moisir dans les cartons, le code rural attendu depuis vingt-cinq ans, ainsi que la révision du cadastre dont le défaut occasionne tant de procès et laisse subsister tant de criantes inégalités d'impôts! Quel leurre et quel mensonge que cette enquête agricole de 1866, où tant de gens sages expérimentés y ont vainement fourni des documents et donné des conseils!

O gouvernants et représentants du peuple, au nom de Dieu et de l'humanité, prenez et lisez aujourd'hui les registres de cette enquête couverts de poussière et attaqués par les vers, voyez-y les documents et les justes doléances qu'ils contiennent, et cherchez enfin à soulager l'agriculture qui porte sur ses épaules le commerce et l'industrie, elle qui paye la plus grande partie de nos impôts, elle qui forme nos armées de terre et de mer, elle enfin qui met le pain dans la bouche de tout le monde, et lui procure toutes les délices de la vie. Faites donc quelque chose, gouvernants, pour la classe agricole la plus malheureuse et la plus importante de la nation sous tous les rapports; de grâce, n'écoutez pas ces misérables et odieux qui vous disent que tout va bien, et qu'il faut affamer les paysans pour qu'ils fassent vivre le monde, et au diable encore tous les discours boursoufflés et toutes les promesses énivrantes et trompeuses.

Comme l'agriculture est la source de tous les biens du monde, il convient au gouvernement supérieur de la République, de faire pour elle ce que l'ignorance et l'indolence des gouvernements précédents ont empêché.

Or, avant de clore ce chapitre, qu'il me soit permis de demander de quelle utilité sont en France les Sociétés d'agriculture? Qu'ont-elles jamais fait? Que font-elles? Et quel bien ne pourraient-elles pas faire? Elles annoncent leurs réunions avec grand bruit, mais le résultat de leurs conférences et de leurs écrits périodiques, s'ils sont intéressants, n'arrivent jamais jusqu'aux populations agricoles.

L'institution des Sociétés d'agriculture est admirable dans son principe, mais elle est aujourd'hui vaine et illusoire en réalité. Il est bien reconnu que toutes les Sociétés sont composées d'hommes honorables à excellentes intentions, d'un dévouement désintéressé et tout-à-fait patriotique, mais en vérité, ils ne sont pas partout tous compétents et praticiens, c'est pourquoi il faudrait aujourd'hui en France une sérieuse réorganisation de ces Sociétés dans le but de faire progresser l'agriculture. Il faudrait que chacune de ces Sociétés vulgarisât ses documents pour les améliorations agricoles dans tout son département respectif.

Il serait bien à désirer que ces Sociétés se modelassent aujourd'hui sur celles protectrices de l'enfance qui en ce moment se couvrent d'honneur et de gloire, car leur initiative fait obtenir tous les jours en France une population plus nombreuse et plus vigoureuse.

En suivant cet exemple, il faudrait aujourd'hui que les Sociétés d'agriculture obtinssent une fois pour toutes l'initiative individuelle (cette fille chérie de la République) pour l'anéantissement des fléaux du ciel, afin de faire doubler les produits de la nation.

Ces Societés savent bien que le gouvernement ne peut pas tout faire, qu'il a de nombreuses et lourdes charges, que les préfets, sous-préfets et maires ne peuvent conseiller et instruire les agriculteurs à cause de leurs nombreuses occupations et de leur incompétence, et qu'il faut absolument que l'initiative individuelle aide à relever et à parfaire l'agriculture.

S'il est vrai de dire que les propriétés rurales rendent très-peu aux maîtres, soit qu'elles soient données à rente fixe, soit qu'elles soient données à moitié fruits ; il est vrai de dire aussi que jusqu'à ce jour on n'a pour ainsi dire rien fait afin qu'elles rendent davantage.

D'abord à l'égard des charges et des malheurs de l'agriculture, on a toujours accusé les gouvernements et on a toujours recouru à eux. C'est là un tort manifeste, lorsqu'on sait que dans beaucoup de faits en agriculture, l'initiative individuelle doit seule avoir lieu et prendre les devants, et qu'elle fait absolument défaut dans toute la France.

Je vais tour à tour mentionner les devoirs des gouvernants et ceux des particuliers dont le défaut amène le mépris et l'abandon de la propriété; car il ne faut pas se le dissimuler, les propriétés rurales sont aujourd'hui tombées dans un tel discrédit que presque tous les maîtres veulent les vendre et s'en débarrasser. Ils sont, disent-ils, en proie à tous les fléaux du ciel et à tous les abus de la terre; gelées tardives, grêle, sécheresse, inondations, maladies des plantes, lourds impôts, redevances et réparations, et pour comble de malheur, ils tombent la plupart entre les mains de fermiers ou métayers pauvres et insolvables, souvent incapables, négligents, énervés et rapaces. Toujours leur misère et leur faiblesse du corps amènent l'inculture; et le besoin fait le larron.

De son coté, la classe agricole souvent appauvrie par les fléaux du ciel, chargée de nombreuses familles, moins vigoureuse et plus exigeante qu'autrefois, et ayant dans notre état de décadence sociale, élargi elle aussi considérablement le cercle de ses besoins et de ses jouissances, émigre sa demeure tranquille, et elle se jette aveuglément dans les grandes villes, où la manie déplorable des travaux de luxe l'entretient et l'absorbe; et soit dit ici, lorsqu'avant tout, on devrait songer à fortifier nos frontières. *Mais, ô Ciel, tout va à rebours ici-bas!*

Voilà donc la triste situation de l'agriculture en France, voilà une calamité publique dont il faut chercher les causes et pour laquelle il faut trouver des remèdes.

Dans plusieurs brochures, j'ai signalé aux gouvernements passés, les fléaux qui, les uns ou les autres, dévastent et appauvrissent la France; à tous j'ai indiqué des remèdes efficaces, économiques et praticables, mais rien n'a pu encore aboutir à cause de l'égoïsme et de l'indolence.

Or, inspecteurs d'agriculture à créer dans tous les arrondissements; Sociétés d'agriculture à réorganiser dans tous les départements, une fois installés, écoutez mes conseils sur les remèdes à apporter aux fléaux qui désolent la France tour à tour.

Contre les inondations, demandez aux Chambres législatives, et vous l'obtiendrez, une loi qui accorde à toutes les communes de la France, un tiers des journées de prestation des chemins vicinaux, pour la façon des barrages dans les torrents des montagnes; et puis par vos conseils et vos écrits, tâchez aussi d'obtenir des individus riverains des vallons, la façon de leurs barrages, et vous ferez cesser les inondations partout.

Par ces moyens, toutes les terres seront conservées et toutes les sources alimentées. Soyez persuadés que si depuis 1862, mes conseils avaient été suivis, la France n'aurait pas à déplorer les désastres qui ont eu lieu et qui s'élèvent à plus de 200 millions.

En ce moment, j'offre gratuitement à tous les hommes compétents de la France, un exemplaire de ma brochure intitulée : *Moyens de prévenir les inondations*. Elle est déposée chez Camoin, libraire à Marseille.

Contre les gelées tardives, provoquez l'initiative individuelle pour leurs préservatifs faciles et peu coûteux. Répandez partout des documents qui montrent clairement que la fumée est un remède infaillible contre les gelées tardives, apprenez aux paysans les diverses manières de la produire en temps opportun, et vous verrez que tous les jardiniers et viticulteurs seront partout et toujours en mesure de combattre le fléau des gelées vers les mois d'avril et mai.

Contre la grêle qui est un fléau contre lequel aucune puissance humaine ne saurait soustraire les campagnes de ses atteintes meurtrières, obtenez du gouvernement son assurance par lui seul dans tous les départements de la France. Tous plus ou moins recourraient à ces assurances et le gouvernement ne dépenserait rien, parce que le fléau de la grêle n'est ni fréquent ni général.

Contre la sècheresse qui est l'ennemie mortelle de la végétation, et qui déjoue et paralyse toutes les combinaisons de la culture la plus intelligente, provoquez et stimulez l'initiative individuelle pour de nombreuses plantations d'arbres forestiers à tous les bords des rivières, des vallons, des ravins, des ruisseaux et de tous les innombrables cours d'eau. Que tout le monde sache que les nombreuses plantations d'arbres seraient infiniment utiles à la société comme abondance de bois, et comme influence certaine sur la température, car il est de notoriété générale basée sur l'expérience, que les arbres attirent les pluies.

Contre les insectes destructeurs des plantes, recourez encore à l'initiative individuelle qui partout à cet égard est insouciante et ignare.

La vigne qui est une des plus grandes richesses de la France, est aujourd'hui attaquée par le ver dit phylloxèra qui cause des pertes immenses. Une infinité de moyens ont été proposés pour le détruire et jusqu'à présent aucun n'est encore donné comme réellement efficace, simple et peu coûteux.

Vous savez tous, Messieurs les membres des Sociétés d'agriculture, que les substances amères sont un poison radical pour les insectes souterrains; or, dans le nombre de ces substances, il convient de choisir celle qui puisse être la plus abondante en regard de nos vignobles, la moins coûteuse par la semence, et la plus généreuse par l'infusion à froid; par exemple : l'*absinthe*, qui réussit partout, et qui semée dans les oullières, serait récoltée pour être employée en infusion à froid.

Ces infusions pendant 48 heures seraient répandues dans le courant du mois de mars aux pieds des vignes par trous ou par rigoles à la quantité d'environ six litres par pied.

Somme toute et selon moi, il n'y a qu'un remède contre le phylloxéra, *c'est son immersion vénéneuse par une substance amère à bon marché.*

Voilà plusieurs progrès, qui par l'initiative et l'encouragement des Sociétés d'agriculture et sans occasionner beaucoup de peines et de dépenses, peuvent faire doubler les produits de la terre, et donner la joie aux propriétaires et fermiers.

Je passe maintenant à des faits de sécurité générale qui, à mon avis, devraient se pratiquer dans toute la France. J'ai été des premiers à réclamer une institution très-utile, et je trouve très-étonnant aujourd'hui, que ma réclamation n'ait pas été prise en considération dans l'intérêt général. Je veux parler de l'embrigadement des gardes-champêtres.

Il faut au paysan isolé, une protection efficace de sa personne et de ses droits, par l'organisation d'une force publique rurale, par l'institution d'une police sérieuse, police de répression, police de conservation.

Tel qu'il est et qu'il gère aujourd'hui, le garde-champêtre ne doit pas être. Trop indépendant, presque sans contrôle, souvent né ou marié à l'endroit où il fonctionne, entouré de parents et d'amis, sa gestion est ou peut être souvent reprochable, tandis que les gardes-champêtres bien choisis et embrigadés seraient d'un immense avantage à la société, ils préviendraient beaucoup de délits et de crimes, car on ne verrait plus autant d'incendies des bois, ni de dommages faits aux champs par les hommes ou par les bestiaux.

L'embrigadement des gardes mettrait un terme au dépoissonnement de nos rivières, et à la disparition de tous nos gibiers, car la moitié des départements de la France n'en a presque plus. L'affût, les pièges et la chasse en temps de neige en sont la cause.

L'embrigadement des gardes serait la terreur des voleurs et des vagabonds, et un obstacle aux ivrognes et aux mendiants ainsi qu'aux dissensions particulières. En un mot, il serait un auxiliaire puissant et nécessaire à la gendarmerie et à la police qui ont déjà beaucoup à faire.

Voici, à mon avis, comment devrait s'effectuer l'embrigadement des gardes-champêtres : il résiderait dans chaque canton de la France trois ou quatre gardes dont un brigadier. Ils seraient journellement en course, isolément et indistinctement dans les diverses communes du canton, et chaque commune payerait pour leurs salaires, selon son importance.

Comme sécurité générale, il y a encore à réaliser un progrès que tout le monde demande, et il a fallu un débordement de délits et de crimes pour faire ouvrir les yeux à quelques édiles de la France. Ce progrès consiste à augmenter partout, mais surtout dans les grandes villes, le nombre des agents de police. Celui qui existe est tout-à-fait insufisant, attendu que les grandes villes deviennent de plus en plus le réceptacle de toutes les écumes du monde, et que jamais on n'avait vu tant de voleurs et de vagabonds.

Enfin, l'obstacle seul qui peut être mis en avant contre les progrès que je viens de signaler, ne pourrait naître que du motif des dépenses pour les réaliser ; mais cet obstacle ne peut pas être, vu les moyens de compensation que j'ai fait valoir dans l'abolition des sinécures et dans la diminution des gros traitements.

En un mot, gouvernants, comme qu'il en soit de toutes les réformes, créations, multiplications ou maintiens d'emplois, il est nécessaire pour le bien et l'honneur de la République, qu'à dater de ce jour, vous ayez toujours les yeux attentifs et sévères sur toutes les branches des administrations, et sur toutes les commissions et sous-commissions, qu'on a souvent accusées de gaspillages et de dilapidations de toutes sortes, et que vous fassiez en sorte qu'on ne dise jamais de notre nation ce qu'on disait dans les derniers temps de Rome, à savoir : que comme il aurait fallu poursuivre presque tout le monde, on ne poursuivait personne, ou bien quand on punissait les voleurs, on ne punissait pas le vol, mais la maladresse.

Ensuite, gouvernants de la France, votre mission ne doit pas se borner aux grandes réformes que je viens de signaler, il en est d'autres aussi importantes qu'il s'agit d'obtenir.

Avant tout, reconnaissez que vos prédécesseurs n'ont pour ainsi dire rien fait pour la santé, la moralisation et l'aisance des masses, que la sécurité et l'économie sociales n'ont pas fait un pas en avant. Ils ont vu l'espèce humaine se rabougrir et s'avachir, et ils l'ont regardée comme dans un spectacle, ils l'ont vue stationner et croupir dans la gêne et dans la routine, et ne lui ont fourni aucun élément pour se relever. Bien plus, ils n'ont mis ni à l'étude ni en pratique aucun des milliers de conseils que les patriotes leur ont donnés, ils n'ont suivi que ceux insuffisants et imparfaits d'un médiocre entourage, ou bien ils se sont repliés et abrités, dans beaucoup de cas, sous l'initiative individuelle, laquelle par son ignorance, son inertie, sa défiance et sa pauvreté, leur a renvoyé le devoir de toutes les réformes sociales, *et rien ne s'est fait.*

Après nos désastres de la guerre, on n'entendit en France qu'un cri de toutes parts, celui de la régénérescence, de réformes et de progrès moraux et matériels à effectuer. Tout le monde fut d'accord sur ce point et chacun argumenta et donna des conseils. Il n'y avait que des tribuns sur les places publiques et dans les réunions.

Mais comme toujours et pour tout en France, aujourd'hui la fièvre, demain la torpeur ; et on peut avancer qu'excepté l'organisation militaire qui va bon train, tous les projets et tous les discours sur les réformes et sur les progrès sociaux, nécessaires et urgents, sont restés en l'air, et que tous les documents des philanthropes sont encore sur le papier.

Afin d'obtenir une régénération en France, il faut que gouvernants et législateurs sachent tous bien, afin d'y rémédier, que depuis 80 ans, la race française va toujours se stérilisant et dégénérant ; que le concubinage (qui n'a jamais été l'objet de la moindre sollicitude d'aucun gouvernement), la prostitution et l'émigration agricole dont je vais parler, font diminuer les mariages féconds, et ne produisent que des bâtards et des cacochymes.

Pour se convaincre de ce fait, il n'y a qu'à jeter un regard sur la race actuelle qui ne montre presque partout que momies à courte taille, fadas, quasimodos de toute espèce et doubles bossus qui portent, sur la pointe de leurs bosses, cette lugubre sentence gravée en gros caractères : *Nos pères ont péché, et nous portons leurs iniquités.*

Voilà ce qu'on voit aujourd'hui et ce qu'on présente aux mariages et aux batailles ; et après tout cela, vous ne ferez rien, gouvernants, pour endiguer les torrents de dépravation et régénérer notre belle Patrie qui a été si longtemps formidable à l'étranger ?

Travaillez donc pour la postérité, car vous savez que les mœurs des nations font le sort des empires, et que l'avenir d'un peuple dépend entièrement des générations qui s'élèvent.

D'abord, à l'égard de la santé générale du corps social, vous devez prendre l'homme dès sa naissance, et vous reconnaîtrez de suite un grave péril pour ses jours, celui de l'allaitement mercenaire qui est la cause de la dégénération et de la dépopulation de la France, et qui depuis longtemps prend des proportions désolantes ; que de plaintes et d'écrits ne s'est-il pas répandus à cet égard, et que de mortalités d'enfants il a fallu voir pour faire ouvrir les yeux à la Société qui commence à prendre des précautions contre le trafic honteux et destructeur de l'allaitement mercenaire, lequel dérive presque toujours de la mollesse ou de la coquetterie des femmes riches, robustes et égoïstes qui devraient savoir que sauf impossibilité absolue, la mère doit nourrir son enfant au nom de la nature et de la grande famille française.

En parlant d'un homme vigoureux, on dit dans le monde : *Il a tété du bon lait.*

Aujourd'hui, honneur à l'initiative individuelle, honneur à la Société Protectrice de l'Enfance qui doit se propager d'un bout à l'autre de la France, et qui ne saurait être trop glorifiée par la société et trop encouragée par le gouvernement.

Arrivés à un certain âge, les enfants doivent aller à l'école. Cette école doit être gratuite pour les pauvres, et obligatoire et libre pour tous, c'est-à-dire liberté entière de l'enseignement laïque comme religieux ; et quel sera aujourd'hui ledit patriote, le réformateur le plus radical qu'il soit, qui s'opposera à cette liberté, lorsqu'il saura que la religion doit et va se pratiquer partout et seulement selon les doctrines de Notre-Seigneur Jésus-Christ?

En parlant d'un homme vertueux, on dit dans le monde : *Il a tété de bons principes.*

Ensuite, il faut de toute urgence que dans les écoles quelles qu'elles soient, les principaux éléments d'hygiène soient enseignés, et que la gymnastique soit généralement pratiquée. Il serait trop long de faire un détail de tous les bienfaits qu'elle peut procurer à l'humanité, tant sous le rapport physique, comme moral. Qu'il me suffise de dire que la gymnastique fait des miracles, elle redresse le corps et l'esprit, elle vivifie et fait ressusciter, et n'est-il pas ignominieux de voir aujourd'hui dans toutes les communes de la France, le jour de leur fête patronale, tout ce que la décadence et la frivolité ont de plus abject, voir affichés et distribués des prix à la plus laide grimace, au plus gros mensonge, à des jeux de cartes, de quilles et de poupées, lorsque seuls et avec cérémonie les prix de course, de saut, de lutte et de cible devraient avoir lieu?

Persuadés que l'avenir d'un peuple repose entièrement sur les générations qui s'élèvent, les gouvernants ne sauraient donc aujourd'hui trop insister sur l'innovation de l'enseignement partout des principaux éléments d'hygiène qui ont une grande influence sur l'avenir du peuple, et puis sur la pratique générale de la gymnastique, et trop la recommander à la sollicitude des parents et des instituteurs.

Jeté dans le monde, l'homme y est en proie à toutes les misères, à tous les vices et à tous les fléaux qui troublent et menacent sans cesse son existence ; et il est du devoir des gouvernants de prévenir le mal et de protéger leurs sujets.

D'abord, il est évident que la prostitution fait des ravages immenses dans la société. On sait qu'elle ne peut pas être radicalement abolie, mais on sait aussi qu'elle peut être modifiée. Là-dessus, on a conseillé toutes sortes de mesures et entr'autres celle de la cantonner vers les extrémités des villes, afin qu'elle ne fût pas si accessible à l'innocente jeunesse, et qu'elle ne fût pas si scandaleuse et si impudente, car elle se promène aujourd'hui en pleines rues et en plein midi. Cette mesure ainsi que d'autres conseillées, n'ont pas été écoutées; mais ce qui est le plus regrettable, c'est que les gouvernants, afin de faire diminuer la propagation de ce terrible fléau, ne se soient jamais occupés de rendre partout la condition des femmes de plus en plus douce en les atteignant dans les causes de leur misère ou de leur fainéantise.

Cette question de prostitution, comme celle des jeux de hasard et autres fléaux, m'amène à dire que les gouvernants n'ont pas jusqu'à ce jour reconnu qu'il y avait un moyen simple pour détruire ou atténuer les plaies de la société et réaliser des progrès en hygiène, en mœurs, en économie sociale et autres faits, et que ce moyen consistait à recourir par la voie des concours par écrit, aux documents des penseurs expérimentés. Jusqu'à présent, on a été en France très-avare de ce moyen, or il serait à désirer que le gouvernement républicain invitât les Académies à émettre dans leur ressort des programmes au sujet de diverses questions d'intérêt général, afin qu'ils soient soumis aux concours. Il est indubitable que de ces concours, il sortirait des documents importants qui souriraient aux législateurs.

Tenez, un exemple : Pour le plus grand bien de la nation, qu'on fasse résoudre aujourd'hui par concours populaires par écrit, le grand problème économique du pain et de la viande à bon marché.

Le programme est simple : *Quels sont les moyens pour avoir en France le pain et la viande le meilleur marché possible ?* Et on verra combien de justes plaintes et de bons conseils naîtront de ce concours ! Quant aux récompenses pour les meilleurs mémoires, elles consistent, en République, en une mention honorable.

Comme je ne sais si ce concours aura lieu ou non, je crois devoir donner ici un avis important aux populations ; or, je dis que outre les nombreux moyens que pourraient conseiller les concurrents pour avoir le pain et la viande le meilleur marché possible, ils aboutiraient tous infailliblement à conseiller de fonder des établissements de boulangerie et de boucherie *coopératives*, afin de soustraire les masses à l'arbitraire d'un petit nombre. Ces établissements consistent en ce que quelques capitalistes sans aucun but de spéculation, mais intérêts et généralement tous frais prélevés, avancent les fonds pour toutes dépenses, et font livrer au public le pain et la viande *au prix de revient*. (Toujours bonne qualité et vente par catégories.)

A l'égard de la viande à bon marché, les concurrents conseilleraient, sans doute, encore aux gouvernants d'encourager par tous les moyens possibles l'élevage des bestiaux qui stationne ou va en diminuant, afin qu'il soit mis au niveau de la marche ascensionnelle de la consommation, et surtout de faire réglementer dans toute la France la vente des veaux et des agneaux afin qu'elle soit restreinte autant que possible.

Il est à désirer que ces questions soient mûrement étudiées et mises en pratique.

Je passe maintenant aux récits d'un fléau qui produit des ravages au moins aussi terribles que la prostitution. Je veux parler des falsifications de toutes les substances alimentaires.

Les voleurs de grand chemin demandent la bourse ou la vie. Les falsificateurs enlèvent l'une et l'autre. Jusqu'à ce jour on a assourdi les gouvernants pour en finir avec ce brigandage universel. Les plaintes et les écrits à cet égard ont été innombrables, et on a toujours répondu à cela, qu'il existait des lois et des agents pour les faire exécuter.

Mais que signifient vos lois et vos agents, si le tout ensemble reste à l'état de lettre morte? Si l'inertie, la négligence et le favoritisme entravent les répressions? Et certes rien n'est étonnant dans ces temps de décadence et de dépravation.

Que signifient encore tous vos inspecteurs à rares et stériles tournées et qui ne sont autres que comme les chiens de faïence devant la porte d'un château?

Mais ce n'est pas assez de l'empoisonnement de la société, il faut que le vol s'y incorpore; aussi nulle part, on n'a le poids ni la mesure de ce que l'on achète, on dirait que le vol est organisé.

Oh! République! il est temps que tu fasses preuve de tes vertus.

Enfin, il y a une chose certaine, c'est que les gouvernants passés n'ont pas eu assez de sollicitude pour la santé publique, que le crime des falsifications n'est pas assez poursuivi aujourd'hui, et qu'il produit un mal immense dans la société.

Mais bien plus, on a fait naguère une loi tendant à réprimer l'ivresse publique, et on n'a pas prévu qu'en restant (comme cela est) dans la négligence pour la répression des falsifications des vins et des alcools, on produisait par milliers les ivrognes les plus scandaleux, les plus dangereux et les plus proches de la tombe. (*Principiis obsta.*)

Je signale encore ici un grand vice des gouvernements passés, qui a été de ne pas chercher à équilibrer la société le mieux possible, aussi que de misères et de souffrances ils ont occasionnées. Un des faits principalement désorganisateurs de la société est sans doute l'émigration agricole.

Dans mes écrits précédents, j'ai dit aux gouvernants : la dépopulation agricole est un péril très-grave pour la société, son déclassement produit la misère, la décrépitude et le vagabondage, il amoindritc onsidérablement toutes les récoltes, du royaume, à cause du défaut de bras et de capitaux, il fait diminuer notablement les mariages féconds, il renverse l'équilibre social, enfin il dessèche les forces vitales de notre nation. A cet égard, j'ai donné dans ces écrits un grand nombre de conseils praticables afin d'arrêter cette épouvantable calamité publique, et j'ai préconisé le retour à l'agriculture, qui est le retour à la santé, à l'union des familles et à l'apaisement des guerres sociales et politiques. Eh bien! qui le croirait? Tout est resté sous le marbre.

Il y a encore dans la société française un fléau permanent, non moins funeste que les précédents et qui passe pour ainsi dire inaperçu. Cependant il cause souvent la ruine des hommes laborieux, et paralyse la confiance et le bien-être des masses. Je veux parler des faillites journalières qu'on dit être partout un fait de spéculation. En effet, s'il est vrai que tant de braves gens laborieux soient réduits à la misère et jetés sur la paille par des banqueroutiers sous le manteau de faillis qui s'étalent de nouveau, ou prennent la fuite avec l'épargne de leurs voisins ou amis, il faut que le gouvernement fasse dorénavant en sorte que la justice soit très-sévère à l'égard des négociants qui escroquent, sous prétexte de commerce, et se servent de la faculté de déposer leur bilan comme d'un moyen de fortune. Il faut sans pitié que les tribunaux de commerce fassent des enquêtes très-rigoureuses sur les soi-disant faillis, et qu'ils n'accordent pas les concordats avec une trop grande facilité, car il y a bien assez de voleurs impunis dans la société.

Gouvernants et législateurs, après avoir cicatrisé les plaies de la patrie, il vous incombe de prévenir les plus grands désastres. Vous savez que les budgets de l'Etat et des villes présentent d'année en année des accroissements et des dépenses inouïs, et prennent successivement des proportions épouvantables. Je dis donc que si ce mouvement n'est pas enrayé, nous ne savons où nous allons ; car faudra-t-il souscrire éternellement des millions destinés à payer les intérêts des millions empruntés autrefois ? De toute urgence, il faut un amortissement et des économies, il faut tailler dans le vif, et introduire en France des réformes radicales, sinon vous ne faites que retarder la débâcle, et marcher lentement sur les traces *des Turbans.*

En matière d'impôts, au lieu de reculer devant une mesure importante et progressive, que la raison, le bon sens, la justice et l'équilibre réclament, allez-y au-devant. *Prélevez un droit proportionnel sur le revenu.*

Encore un mot, gouvernants, la France laborieuse, productive et pacifique vous demande une sage et prévoyante gestion sur toutes choses de la République, elle est lasse de se faire tondre et de se faire tuer. Rappelez-vous toujours ce qu'a dit, il y a dix-huit siècles un éloquent et sincère conservateur (1) ; il a dit une chose qui est d'actualité : *Moderatori reipublicæ beata civium vita proposita est.* Le bonheur du peuple doit être le but du chef de la République.

Maintenant, sachez encore, gouvernants, que la France républicaine a horreur des guerres, quoiqu'elle ait été toujours victorieuse. Aujourd'hui elle est persuadée que la plus belle et la plus éclatante revanche contre les barbares, consiste dans la concorde des partis politiques, et dans les progrès matériels et moraux de notre nation. Les despotes de l'Europe, nos ennemis, en frissonnent déjà. (Voyez de quel mauvais œil ils regardent l'annonce de notre Exposition de 1878.)

Elle sait que faire la guerre, c'est reculer dans les temps de la plus atroce barbarie, et l'expérience des deux Bonaparte, de sanglante mémoire, l'a tout-à-fait éclairée à cet égard.

La vraie République veut la paix, et elle ne sera jamais la cause de son trouble, elle demande l'embrassement des peuples par ordre de Dieu et dans toutes les conditions de la nature et de la raison. Elle désire qu'on établisse des Congrès universels qui préviennent et règlent tous les conflits internationaux. Voilà ce qu'elle veut ; mais si contre toute prévision et toute attente, ses intentions étaient méconnues et ses vœux méprisés, et qu'elle fût un jour attaquée par une puissance étrangère, sans l'intervention pacifique des autres nations, ce qui serait encore une cruelle barbarie ; alors, oh ! alors, semblables à la foudre, un million de Hoche, de Kléber et de Marceau, se précipiteraient sur les frontières pour défendre la République innocente, ils seraient suivis de deux millions de femmes, de vieillards et d'enfants munis de toutes les provi-

(1) Cicéron.

sions de guerre, et armés de poignards, de révolvers, de fourches, de bâtons et de tous les attirails de la mort, afin de mettre tout à feu et à sang. Partout la frénésie du patriotisme, la rage et le désespoir de la justice accompagneraient le fer, le feu et le poison.

Sans doute vainqueurs, les enfants bénis de la République battraient le tambour de la délivrance et promèneraient le drapeau de la justice sur la nation entière des vaincus, devenue une vaste hécatombe et un immense cendrier. Voilà où la barbarie aggressive conduirait l'atrocité de la juste vengeance.

Mais non, la France ne sera jamais attaquée, mais non, aucune nation ne portera désormais la guerre à une autre arbitrairement, car un suprême tribunal de conciliation internationale (autre que celui de Bruxelles), sera sans doute et bientôt établi.

Gouvernants et peuples ont compris aujourd'hui la folie, la criminalité et le fléau de la guerre. Ils savent tous que les hommes n'ont pas été mis sur cette misérable terre pour s'entregorger, mais bien pour s'aimer et travailler ensemble pour se rendre heureux. Ils savent tous que la vie éphémère des hommes dans ce monde imparfait, n'est qu'une vallée de larmes, et est assez pleine d'amertumes, de misères et de malheurs sans qu'on y ajoute la *cruauté du fratricide.*

Maintenant, j'ai dit tout ce que je savais pour le bien de la nation française, à d'autres plus instruits que moi d'augmenter et de parfaire mes documents, afin de la rendre entièrement irréprochable et heureuse sous tous les rapports ; et fasse le Ciel que nous ne prêchions pas tous dans le désert !

Oh ! humanité du monde entier, je te le demande aujourd'hui ! N'est-il pas inconcevable de reconnaître que depuis la création du monde jusqu'à ce jour, la terre entière n'a été qu'un vaste théâtre de misères, d'erreurs et de crimes, qu'elle a été souillée par toutes les orgies, tous les scandales et tous les forfaits possibles et imaginables? Et n'est-il pas inouï de reconnaître aussi que la vertu n'y a toujours paru qu'en infime minorité, qu'elle a été martyrisée et n'a jamais pu se faire jour? Hélas! toujours hélas! sur toi humanité imbécile qui depuis ta création ne cesses de te disputer et te battre sur cette terre où tu n'as que quelques jours à rester!

De profundis clamavi : Créateur éternel et tout puissant cesse d'être patient sur l'abus de la liberté que tu as laissée à tes enfants, viens dissiper enfin les ténèbres du genre humain, viens renverser et détruire de fond en comble toutes ses mauvaises institutions, viens améliorer le cœur de l'homme, et mettre la paix sur la terre, et que ton règne arrive! *Adveniat regnum tuum!*

www.ingramcontent.com/pod-product-compliance
Lightning Source LLC
LaVergne TN
LVHW010108230826
846091LV00005B/2150

* 9 7 8 2 0 1 1 7 5 3 0 9 0 *